MOMUS

PHILOSOPHE,

COMÉDIE.

EN UN ACTE ET EN VERS.

Prix 24 sols.

A AMSTERDAM.

Chez PIERRE MORTIER.

M. D. CC. L.

AVERTISSEMENT.

LES Piéces à Tiroir n'ayant point d'action principale à laquelle tout se rapporte, ne méritent pas le nom de Comédies, si l'on veut se borner à l'idée que l'on avoit d'abord attachée à ce terme, & qu'il auroit mieux valu peut-être ne point étendre. Mais l'usage est au-dessus des regles; il peut changer à son gré la valeur des mots. Momus-Philosophe n'est à la vérité qu'un Dialogue à plusieurs Scenes tel que l'on en trouve dans Lucien. Ces sortes de Piéces portent aujourd'hui parmi nous le nom de Comédies. Ne pas se conformer à l'usage, ce seroit une affectation ; & elle est toujours ridicule.

Il y a un préjugé, fondé même sur quelque espéce de raison, contre les Comédies que l'on rend publiques, & qui n'ont point été représentées. Il semble toujours que ce soit la derniere ressource d'un Auteur dont on a refusé la Piéce, & qui se fait imprimer par désespoir. Crainte de méprise, l'on doit avertir que Momus Philosophe n'a pas même été présenté. Il n'est pas plus fait pour le Théâtre que ces Dialogues de Lucien, dont on vient de parler, & que les Grecs n'ont jamais pensé à mettre sur la Scene,

AVERTISSEMENT. *v*

Cet Auteur ſi amuſant , & ſi judicieux, un des plus beaux génies de l'antiquité , s'eſt propoſé de montrer que les choſes les plus graves qui occupent les hommes , les plus importantes en apparence , ne ſont à le bien prendre que de pompeuſes bagatelles. Il a offert ſous des images riantes un ſiſtême de Philoſophie morale. On a cru qu'il étoit encore permis de donner un eſſai dans un genre où il a donné des chef-d'œuvres.

ACTEURS
du Prologue.

UN PETIT - MAITRE.
UNE PETITE - MAITRESSE.

PROLOGUE.

UN PETIT-MAITRE;
UNE PETITE-MAITRESSE.

Ils se font des mines dans le fond du Théâ-
tre, d'une coulisse à l'autre ; le Petit-Maître
se sert d'une Lorgnette.

LE PETIT-MAITRE.

PARBLEU je ne me trompe pas.....
La Comtesse ... elle-même avec tous ses appas,
Je vous ai reconnue aux graces singulieres,
A l'élégance des manieres.

LA PETITE-MAITRESSE.
Toujours galant.

LE PETIT-MAITRE.
Vous avez une main
D'une beauté miraculeuse.

LA PETITE-MAITRESSE.
Ne la regardez point, ce soir elle est affreuse.
A iv

LE PETIT - MAITRE.

Elle m'enchante, car enfin...

Il lui baise la main.

LA PETITE - MAITRESSE.

Vous devenez d'une folie

Qui ne ressemble à rien.

LE PETIT - MAITRE.

Je vous trouve parbleu mise du dernier bien

A ravir, je vous jure ; extrémement jolie.

LA PETITE - MAITRESSE.

Moi, je suis faite à faire peur.

LE PETIT - MAISTRE.

Ah, vous êtes au mieux.

LA PETITE - MAITRESSE.

Mais non.

LE PETIT - MAITRE.

C'est en honneur.

LA PETITE - MAITRESSE.

J'admire ce parment. Il est d'une élégance...

LE PETIT - MAITRE.

Mais ce point d'Angleterre est bien le plus exquis.

Souffrez....

Il veut examiner son tour de gorge.

LA PETITE - MAITRESSE *le laissant faire.*

Dans vos façons, Marquis,

Vous avez une inconséquence.

LE PETIT - MAITRE.

Un peu de rouge, point de fard.

Cela vous fied au mieux. Le beau monde de

France

Redevient naturel par un excès de l'art.

LA PETITE - MAITRESSE.

Pour réparer le tein que le plaifir dévore

L'homme maniéré comme nous tous les jours

Du rouge emprunte le fecours.

Mais il en fait myftere encore,

Le bon goût n'eft qu'à fon aurore.

LE PETIT - MAITRE.

Nous fçaurons le former indubitablement.

On ne tend plus qu'à l'agrément.

On fe regle fur nous ; par nous l'on voit éclore

Tous ces Livres du jour.

LA PETITE - MAITRESSE.

Où plûtôt du moment.

Je lis beaucoup ; c'eft ma recette

Pour fupporter patiemment

Les fatigues de la Toilette.

Lettres, Réflexions, Anecdote fecrette.

Et (a) Zadig & Canor, tout m'eft indifférent.

(a) *Roman de M. de Voltaire.*

LE PETIT - MAITRE.

Vous parcourez nonchalament.
L'emploi du tems est la grande science.
Vous avez vu Tom Jone (*a*)?

LA PETITE - MAITRESSE.

Ah (*b*) le stile est charmant.
En Angleterre on écrit mieux qu'en France.

LE PETIT - MAITRE.

C'est le pendant de (*c*) Paméla.

J'aime ces Romans où l'on pense.
Les Anglois sont profonds.

LA PETITE - MAITRESSE.

Oui je crois qu'Angola (*d*)
Est traduit de l'Anglois.

(*a*) Tom Jones ou l'Enfant trouvé, par M. Fielding, Romancier Anglois, & traduit par M. de la Place.

(*b*) Ce qu'on fait dire ici à la Petite-Maîtresse, on l'a entendu dire à Mde de * * * Elle elevoit aux [illegible] la fille des Ecrivains Anglois d'après la Traduction de Tom Jones. Sur la copie d'un Tableau d[illegible], elle auroit jugé du coloris de ce grand [illegible].

(*c*) [illegible] Roman de M. Fielding, qui a eu aussi du succès.

(*d*) Ouvrage bien écrit, mais trè-frivole.

LE PETIT - MAITRE.

> Mais c'eſt trop admirable ;
> Et vous êtes infatigable.
> Quoi le matin paſſer au Bal ,
> A deux heures ravir tout le Palais Royal ,
> Et ce ſoir chez Thalie. On s'y perd. Comment
> Diable !

LA PETITE - MAITRESSE.

> Marquis , les gens d'un certain goût
> Conduits par le bel air ſe rencontrent par tout
> Vous venez tard.

LE PETIT - MAITRE.

> Exprès. Je trouve le Tragique
> D'un fade , s'il n'eſt en Muſique.

Il chante.

> » Vous m'aimez , ſans regret j'abandonne le jour ;
> » Je meurs , belle Princeſſe ; helas , perfide
> Amour !
> Je viens voir chez Thalie une Piece nouvelle.

LA PETITE - MAITRESSE.

> C'eſt quelque froide bagatelle.
> L'Auteur ?

LE PETIT - MAITRE.

> On ne le connoît pas.

  # PROLOGUE.

LA PETITE - MAITRESSE.

Ah j'augure affez mal d'un Auteur qu'on ignore.
Que difent de l'Ouvrage Ariftarque, & Midas ?

LE PETIT - MAITRE.

La Critique fe tait.

LA PETITE - MAITRESSE.

     C'eft mauvais figne encore.
Eh qu'en pourroit-on dire ? Une piéce à tiroir.

LE PETIT - MAITRE.

Sans intrigue, ah fi donc. N'importe il faut tout
   voir.

LA PETITE - MAITRESSE.

Le titre eft affez drôle.

LE PETIT - MAITRE.

     Oui, j'en fuis idolâtre;
Les titres font ma foi le grand art du theâtre.

LA PETITE - MAITRESSE.

C'eft une Piéce en Vers. Le grand monde aujour-
   d'hui
Fuit les Vers, les détefte.

LE PETIT - MAITRE.

     Ils font périr d'ennui,

LA PETITE - MAITRESSE.

Ah j'en frémis encor. Dans la derniere guerre !
Un peuple de rimeurs vint défoler la terre.
Quel déluge de Vers ! C'étoit pour en mourir ;
Depuis ce tems je ne puis les fouffrir.

LE PETIT - MAITRE.

Je rends grace à la paix. Un de fes avantages
C'eft d'avoir diffipé cette foule d'Ouvrages ;
Epîtres , & Difcours protocole des fots
Où l'Auteur merveilleux réunit en deux pages
Tout l'ennui des Infolios ;
Poëmes *récrépis* , éternels *bavardages*
Dont on admire en baillant les héros.

LA PETITE - MAITRESSE.

Et des Odes à tout propos.

LE PETIT - MAITRE.

Peut-on aimer les Vers ? Pour moi je les abhorre.
Le fiécle eft verfificateur ,
C'eft une rage qui dévore
Abbé , Robin , Commis , Ecolier , Précepteur ;
Jufqu'à des Clers de Procureur.

LA PETITE - MAITRESSE.

Il n'eft point de grimaud qui ne vous affaffine.

LE PETIT - MAITRE.

Pour les rimes je les devine ;
J'ai tant lû de Poëmes ; tant.
Je n'en manque pas une en dix Vers, même en
cent.
Si l'on parle de guerre
Un effort de l'esprit fait tomber le Tonnerre.
On vante un coloris ;
Ah je sens auſſi-tôt venir les jeux (*d'un air ennuié*)
les ris.

LA PETITE - MAÍTRESSE.

Tous ces petits Auteurs ſont de froids perſonna-
ges ;
Ils ignorent les beaux uſages ,
Et cultivent dans leur printemps
Les langues triſtement frivoles
D'un autre monde & du vieux tems.

LE PETIT - MAITRE.

Miſeres , fatras des écoles
Où de mes premiers ans j'ai conſumé la fleur.
Ah ciel ! quel abſurde grimoire !
Mais j'ai tout oublié ; c'eſt un rare bonheur.

J'applaudis tous les jours à mon peu de mé-
    moire . . .
On vient, & deux Acteurs s'offrent à mes regards,
Mercure avec Momus! Cette Scene est usée :
Dans ce siécle falot on voit de toutes parts
    La Marotte, & le Caducée.

Fin du Prologue.

ACTEURS.
de la Comédie.

MOMUS.

MERCURE.

UN PHILOSOPHE.

UN MEDECIN.

UN POETE.

UNE PAISANNE.

CRISPIN.

MOMUS
PHILOSOPHE,
COMÉDIE.

SCENE PREMIERE.

MERCURE, MOMUS.

MERCURE.

UPITER n'y peut plus tenir ;
Momus, grace à votre Marotte,
Tout l'Univers va devenir
Le Régiment de la Calotte.
Mais le Pere des Dieux voit les refforts fecrets
De votre malice profonde :
Pour bannir la raifon de la machine ronde,
Vous commencez par les Français
Qui font les modéles du monde,

B

M O M U S.

Ce reproche est hors de saison ;

Je sçais égayer la raison.

La pureté de sa lumiere

Blesseroit des humains la trop foible paupiere;

Mais l'adresse de mes crayons

Adoucit ce qu'elle a d'austere ,

Tempere d'une ombre legere

L'éclat trop vif de ses rayons.

La raison , fiere souveraine ,

Tirannise souvent les esprits & les cœurs ;

Pour faire chérir sa chaine ,

Il faut la couvrir de fleurs.

L'un & l'autre au sein de la France

Nous habitons par préférence.

Paris est le centre du goût ;

Les Arts y font leur résidence ;

Et la raison les suit par tout.

M E R C U R E.

Vous a-t-elle inspiré les Romans, les Pagodes ,

Et mille riens dont vous faites des modes ?

Mais il est des humains qu'éclaire son flambeau ;

De vrais sages que rien n'égare ,

Sur qui la nouveauté bizare

N'a point encore étendu son bandeau.

Ils vont ici se rendre

Par les ordres du Dieu de la celeste cour.
Jupiter fatigué d'entendre
Les plaintes contre vous que l'on fait chaque jour,
Vous ordonne de vous défendre.

MOMUS.

L'ordre est conforme à mes désirs ;
La nouveauté souvent est mere de la joye ;
Et ces hommes parfaits que Jupiter m'envoye
Objets nouveaux pour moi , font de nouveaux
plaisirs.

MERCURE.

Il veut enfin terminer la querelle ;
Et du haut de l'Olympe il a sur vous les yeux.
Le tems presse , je vole où le devoir m'appelle.

MOMUS.

Mercure va porter , sans doute à quelque belle,
Les homages du Roi des Dieux ;
Et jusques au trône des Cieux
L'amour éleve une mortelle.

MERCURE.

Pour Momus la satire a toujours des attraits.

MOMUS.

Va , c'est sur les pédans que j'épuise mes traits ;
L'amour est un enfant volage ,
Mais les plaisirs forment les nœuds ;
Et les plaisirs ont toujours mon suffrage.

L'amour est comme moi le Dieu du badinage ;

C’eſt avec lui que je partage

L’empire des ris & des jeux.

MERCURE.

Je ne m’y fierai pas ; & votre caractere

Eſt trop mordant , trop indiſcret.

Envain l’amour eſt votre frere ,

Qu’il vous vienne un bon mot , l’amour aura ſon

fait.

Vos cenſeurs vont venir, ſongez à leur répondre ,

Adieu.

MOMUS.

Je n’aurai pas de peine à les confondre.

SCENE II.

MOMUS *ſeul.*

Tous ces Philoſophes ſauvages ;

Des doux plaiſirs tous ces frondeurs jaloux

Sont des fous qui ſe croyant ſages

N’en ſont encore que plus fous.

La folie eſt un vrai Protée ;

Souvent à ſon comble portée

De la ſageſſe même elle prend les habits ;

Et ſous cette forme empruntée

Elle enchaîne à son char ses plus grands ennemis.
On la voit changer de figure,
A chaque instant , embrasser tout état,
Tantôt sous les dehors d'un profond Magistrat
Altérer le bon sens , la loi de la nature.
Là c'est un subtil Avocat
Qui sçait rendre le Code appui de l'imposture.
Ici c'est un Abbé jaloux de sa parure
Qui se mire dans son rabat.
Rien n'est pur ici bas , tout homme a sa manie ;
Ne vaut-il pas mieux s'égarer
Par enjouement , que par mélancolie ?
N'est-ce pas l'aimable folie
Que le sage doit préférer ?

SCENE III.

UN PHILOSOPHE , MOMUS.

LE PHILOSOPHE.

O Tems ! ô mœurs ! des Dieux le plus parfait
ouvrage ,
L'homme qui seul reçût la raison en partage
Oublier ses nobles destins !
Consacrer lâchement à des jeux enfantins ,

Des momens dont il peut faire un si bon usage !

Momus, vous avez inventé

Mille colifichets, grotesque badinage,

Pour dégrader l'humanité.

MOMUS.

Le tems fuit, l'heure s'envole,

A censurer des riens vous consumés vos jours.

Que deviendront vos discours

Si l'objet en est frivole ?

LE PHILOSOPHE.

Vainement je me forcerois

A garder toujours le silence ;

L'univers auroit-il la même complaisance

Le seul défaut qu'on reproche aux François

C'est la légéreté, la frivole inconstance.

On nous voit adopter tous les objets nouveaux.

MOMUS.

Vingt peuples réunis pour être vos rivaux

Ont éprouvé dans les champs de Bellonne

La fermeté de vos guerriers.

Si le Dieu des combats vous donne des lauriers,

C'est la constance qu'il couronne.

LE PHILOSOPHE.

Cette valeur que rien n'étonne

N'excuse point tous nos goûts passagers,

MOMUS.

Le François, à Paris quelquefois Petit-Maître,
Est toujours grand dans les dangers:
Constant lorsqu'il le faut, dans les objets légers
Il est léger comme on doit l'être.

LE PHILOSOPHE.

On sçait que les François sont grands & généreux;
Mais vos inventions stériles,
Ces vils Colifichets, ces modes puériles
N'en font que plus indignes d'eux.

MOMUS.

Ne vous y trompez pas ; d'importantes affaires
Fatiguent les plus grands esprits :
Souvent les riens sont nécessaires,
Et la bagatelle a son prix.

LE PHILOSOPHE.

Quoi! vous pourriez prétendre que Paris
Ne sçauroit se passer de cette extravagance,
De ces Colifichets la honte de la France ?

MOMUS.

Eh! croyez-moi; loin de les décrier
Soyez leur défenseur.

LE PHILOSOPHE.

Qui! moi! que je m'abaisse
Au point....

MOMUS.

A les juftifier
Votre gloire vous intéreffe.

LE PHILOSOPHE.

Moi !

MOMUS.

Vous vous amufez fans ceffe
Vous-même à des jeux Enfantins.

LE PHILOSOPHE.

A cet excès de badinage
Je reconnois le Dieu des Calotins.

MOMUS.

C'eft à ce Dieu que vous rendez hommage ;
A fe tromper foi-même on eft ingénieux ;
Les défauts qu'en autrui vous trouvez odieux ;
Sont en vous des vertus chéries.
L'amour propre eft un enchanteur ;
Il conduit à l'erreur
Par des routes fleuries ;
Sa profonde Magie eft le penchant du cœur.

LE PHILOSOPHE.

Ignorez-vous les fçavantes merveilles
Qui couronnent les veilles
D'un Philofophe induftrieux ?
Developer les loix du mouvement des Cieux ;

Analifer

Analiser jusques à la lumiere ;
Demêler des couleurs le brillant appareil ;
Arranger la nature entiere,
Au centre fixer le soleil ,
Faire voler le Globe de la Terre . . . ;

MOMUS.

Pourquoi vouloir pénétrer ;
Pourquoi rougir d'ignorer
Des secrets , des ressorts au-dessus de votre être ?
Un vain desir de connoître
Ne sert qu'à vous égarer.

LE PHILOSOPHE.

Mais je m'applique à réprimer le vice ;
Par d'utiles leçons je préviens sa malice.
Des mœurs je découvre l'écueil.
Sont-ce-là des bagatelles ?

MOMUS.

Vos censures éternelles
Ne font que nourrir votre orgueil.
Un sage ami de la nature
Fuit de l'austérité l'odieuse imposture ,
Et dans le sein des ris sçait régler ses desirs.
C'est pour augmenter les plaisirs
Que la sagesse les épure.

LE PHILOSOPHE.

Je suis content ; j'ai sçû forcer
Momus-même à moraliser.

Il s'en va.

C

SCENE IV.

MOMUS, UN MEDECIN, UNE PAYSANNE.

LA PAYSANNE *au Medecin.*

TANT y a que mon frere a pris votre or-
donnance ;
Et tout subitement a perdu connoissance.

LE MEDECIN.

Bon. L'Emétique opere.

LA PAYSANNE.

Il lui prit un transport.

LE MEDECIN.

Bon. Ce grand purgatif ne sçauroit sans effort
Expulser les humeurs malignes :
Prognose ; & Diagnose ; *id est*, Excellents signes.
Usons des cordiaux.

LA PAYSANNE *en pleurant.*

Stapendant, il est mort.

LE MEDECIN.

Il est mort !

LA PAYSANNE.

Ce matin.

LE MEDECIN.

Retrouſſant la manche de ſa robe & tendant la main.

Il m'eſt dû cinq viſites.

LA PAYSANNE.

Mon pere vous les remettra.

LE MEDECIN.

Deux conſultations verbales, trois écrites?

LA PAYSANNE.

Je nous tranquiliſions. Vous diſiez comme çà,

Que votre poudre auroit guari mon frere.

LE MEDECIN.

S'il eût paſſé deux jours, j'en aurois répondu.

C'eſt ſa faute après tout ; que n'a-t-il attendu ?

Ces deux jours étoient ſon affaire;

Je prenois le reſte ſur moi.

Ratum eſt . . . *il court après la*

Payſanne, qui s'en va.

Songez à l'envoi

De tout ce qui m'eſt dû ; rien n'eſt plus néceſſaire;

Un Docteur de la faculté,

Des fragiles humains eſt la premiere dette,

Et l'on doit le payer avec célérité.

Pour cela, s'il le faut, jeûnez, faites diette ;

Elle conſerve la ſanté.

MOMUS.

On devroit graver ces paroles ;
Ce digne Oracle en lettres d'or
Sur la porte de vos Ecoles.

SCENE V.

LE MEDECIN, MOMUS.

LE MEDECIN.

AUTEUR de tant de maux, quoi, vous
raillez encor !
C'étoit peu de montrer une humeur inégale
D'être un Dieu bizarre & leger.
Par votre invention fatale
L'espece humaine est en danger.
On voit des Charlatans courir de place en place ;
Sous le nom d'Opiats, de remedes divins
Parmi des tours de passe-passe
Débiter des poisons. Et de ces assassins
Momus, vous soutenez la sacrilege audace.

MOMUS.

Critiquez donc tous les humains,
Dans leur différente carriere
D'un œil philosophique observez leurs destins
Vous le verrez, chacun à sa maniere

Eſt ici-bas vendeur d'Orvietan.

Partout l'on trompe, l'on abuſe,

Chacun fait commerce de ruſe,

Et l'univers eſt Charlatan.

LE MEDECIN.

Pourriez-vous nous confondre avec ces Empiri-

ques,

Qui vont dans les places publiques

Etaler à l'envi leurs menſonges groſſiers,

Sans (a) lettres, ſans degrés, ſans titres autentiques,

Sans être même Bacheliers.

MOMUS.

Mais le Bonnet donne-t-il le génie,

Et pour être ſçavant faut-il être docteur?

Ou bien, prétendez-vous qu'une cérémonie

Donne le droit d'être impoſteur?

Chez vous tout eſt ſupercherie,

Vous affectez en tout un air original,

(b) Cette fourure eſt une momerie,

A cet habit de Carnaval

On reconnoît la Charlatanerie.

─────────────

(a) Il y a des lettres de Bachelier, de Licentié & de Docteur en Medecine. Elles ont le ſceau de la Faculté. On appelle degrés ces différents titres. Le Baccalaureat eſt le premier degré.

(b) On ſçait que les Docteurs-Medecins ont un ha-

LE MEDECIN.

Si vous aviez lû nos auteurs,
Traitez de la Pathologie,
Et de la Phyſiologie.....

MOMUS.

Moi, je lirois ces froids diſſertateurs
Dont la faſtueuſe ignorance
S'enveloppe dans de grands mots ;
Par les pompeux dehors d'une vaine ſcience !
Elle en impoſe à la foule des ſots.

LE MEDECIN.

'A ces Operateurs dont vous peuplez la France
Sans ceſſe l'on entend cette foule applaudir :
Chaque jour voit éclore un nouvel Elixir ;
Et de prétendus ſpécifiques.

MOMUS.

En ce point les Empiriques
Reſſemblent aux Médecins.
Par vos ſoins aujourd'hui l'Emétique a la vogue,
Demain une nouvelle drogue

---

billement de cérémonie où la fourure eſt en dehors ;
& qu'ils portent même en été aux Theſes & autres
aſſemblées publiques.

Abregera la trame des humains.

Ainſi toujours vous changez de Methodes ;

Vos ſentimens ſont incertains,

Et la Medecine a ſes modes.

LE MEDECIN.

Dites que nous feſons des progrès chaque jour :

Trouvant une méthode ou plus promte, ou plus

ſûre,

Enfin nous avançons ſans crainte & ſans détour

Dans la route de la nature.

Notre but eſt le bien de la ſociété.

Vous conviendrez au moins que notre faculté

Sçait réparer des maux la dangereuſe atteinte.

MOMUS.

La nature eſt un labirinte

Où vous ne marchez qu'au hazard.

Elle guérit ſouvent en dépit de votre art.

Du trépas Rome étoit la proie,

Tous les remedes étoient vains ;

On en bannit les Medecins,

Et la ſanté revint avec la joie.

LE MEDECIN *en s'en allant.*

Que n'êtes-vous, mortel ?

On chante derriere le Théâtre.

MOMUS.

C'eſt Criſpin.

C iɣ

XXXXXXXXXXXX:XXXXXXXXXXX

SCÉNE VI.

MOMUS, CRISPIN.

MOMUS.

Auriez-vous
Quelques reproches à me faire.

CRISPIN.

Ai-je l'air d'un censeur jaloux ?
Le plaisir est ma seule affaire ;
C'est lui qui m'amene en ces lieux ?
On m'a dit que pour satisfaire
À l'ordre du maître des Dieux
Contre quelques frondeurs vous alliez vous dé-
fendre ;
Je suis venu pour vous entendre.
Au Medecin vous donniez maint brocard
Je me suis contenté d'écouter à l'écart.
Avec tous ces gens-là jamais je ne côtile.

MOMUS.

Mais dites-moi par quel secours
Ecartez-vous les maux qui menacent vos jours ?

CRISPIN.

Se réjouir , c'est ma devise.

Pour conserver la santé

Mon secret , c'est la gaïté;

Vous voyez, je ris, je gambade

MOMUS.

Et si vous devenez malade ?

CRISPIN.

Le plaisir est mon medecin ;

Je ris encore , je badine ;

Et quand l'esprit est toujours sain

On guérit bien-tôt la machine.

MOMUS.

Quoi, jamais rien ne vous chagrine?

Il est toujours quelques instans fâcheux ;

Tout ne va pas selon vos vœux.

CRISPIN.

De vœux ? Je n'en fais point. Si le hazard me
donne

Un bon morceau , l'appétit de Crispin

Fait merveille , savoure , entonne ;

Mais si je n'ai qu'un plat mesquin,

En folâtrant je l'assaisonne.

La joie est le meilleur ragout ,

Il n'émousse jamais le goût.

Sans cesse j'entretiens mon humeur folichonne ;
Je fuis l'inquiétude, & je trouve tout bien ;
Je m'amuse de tout, je ne m'attache à rien•

MOMUS.

Mais le tempérament n'est pas toujours le même ;
Les humains sont sujets à l'inégalité.
Le plus léger nuage éclipse leur sistême ;
  Altere leur sérénité.
L'ennui presque toujours suit le plaisir extrême.
   On s'attriste malgré soi
   Sans que l'on sache pourquoi.

CRISPIN.

Oh ! je n'attends jamais l'instant mélancolique ;
   Et Bacchus est mon spécifique.
   Son élixir console & réjouit.
   Avec lui l'esprit s'évertue.
    Le cœur s'épanouit ,
   Le plaisir coule , & s'insinue.
    Je porte en ce flacon
   La Medecine universelle.
  Foin d'Esculape, & foin de sa sequelle.
   Si je n'ai pas de compagnon
   Tout seul je bois , je dialogue,
   Et je me suppose un second
  Pour éviter le froid du monologue

Vous allez voir.

Il fait comme s'il avoit un Camarade ; il se parle ,
il se répond , & boit chaque fois.

Ami , le vin me paroît bon . . . .
J'applaudis en bûvant . . . C'est la bonne façon. . .
Verse tout plein ... Encore une rasade. . . .
Trinquons ; à tes plaisirs ... C'est à toi , camarade.
J'écarte ainsi tout importun ,
Et je sais égayer la solitude même.

Par cet heureux stratagême

Je bois deux coups au lieu d'un ,

Et doublement je batifole.

MOMUS.

Tous les plaisirs passent comme le vent.

CRISPIN.

Tant mieux ; j'en change plus souvent,
La varieté m'affriole.

De Bacchus je passe à l'amour ;
Je ne suis que les jeux qui composent sa cour ;
Jamais l'amour ne m'inquiette ,
Je laisse aux Celadons les ennuis , les soupirs.
Mais voici l'heure où je puis voir Lisette ;
Et je vais la trouver pour changer de plaisirs.

Il s'en va.

SCENE VII.

UN POETE *couvert d'un vieux habit noir.*
MOMUS.

LE POETE dans l'entoufiafme.

Les élémens font confondus ;
La terre tremble, & les voûtes celeftes
S'écroulant tout à coup dans ces momens funeftes,
Vont écrafer les mortels éperdus.

MOMUS.

Cet homme d'un Poëte a toute l'encolûre ;
Cet uniforme délabré,
Ces regards inquiets, cette trifte figure.
Ce maintien furieux, & cet air éfaré...

LE POETE.

Amphitrite au loin mugiffante
Aux nuages mêle fes flots ;
Et la nature frémiffante
Se replonge dans le chaos.

MOMUS.

Qu'avez-vous ?

LE POETE prenant la main
de Momus fans le regarder ,
& reculant de trois pas.

Dieux ! Ethna s'ouvrant jufqu'au Tenare

Redouble l'horreur du Tartare . . .

Mais que vois-je ? Momus ! je tiens , je tiens l'Auteur

Du bouleverfement du monde.

De ce fiécle falot infigne corrupteur ,

Vous enfeveliffez dans une nuit profonde

Les fciences , les arts , le talent créateur.

MOMUS.

Voyons furquoi votre couroux fe fonde

LE POETE.

Comment , furquoi ? vous débitez

De petits airs , des Vaudevilles ;

Et par là vous décréditez

Les bons Auteurs , les ouvrages utiles.

Dieu bizarre , vous l'emportez ,

Et mes talens reftent fans récompenfe ;

Moi qui fais retentir la France

De mes accens tumultueux ;

Comme un torrent dans les campagnes

Fondant du sommet des montagnes
Roule ses flots impétueux.

MOMUS.

Mais vous avez tort de vous plaindre.

A rimer qui peut vous contraindre ?

On cultive par choix ce dangereux talent.

LE POETE.

Quelle erreur ! Du génie apprenez l'ascendant.
Rien ne peut résister à son pouvoir suprême,

Et l'on rime malgré soi-même.

J'ai chanté les Héros, & j'ai chanté les Dieux.
Que je plains des mortels l'aveuglement extrême!
Ils n'ont point sçû goûter mes Vers mélodieux.
Ah ! Que n'ai - je point fait ? Ruses & strata-
gême ,

J'employai tour à tour sans jamais réussir

Tous les moyens imaginables.

Le passé , le présent m'étoient peu favorables ;
Par un nouvel effort j'ai chanté l'avenir.

Oui j'ai vingt Odes toutes prêtes

Sur des victoires , des conquêtes ,

Sur tous les grands événemens

Que peuvent amener les destins & les tems.

La prévoyance est nécessaire ;

Aux François si légers , c'est le moyen de plaire.

Des Ouvrages cent fois limés & rebattus,
Paroiſſant à propos ſemblent des impromptus.

MOMUS.

Pour vous les Muſes ſont faciles ;
Croyez-moi, leurs faveurs peuvent vous être
utiles.

Flattez, trouvez des protecteurs ;
Sçachez faire à propos un Bouquet, une Idille ?
En un mot imitez le manége & le ſtile
De vos confreres les Auteurs.
Obtenez quelqu'emploi qui vous donne l'aiſance
Aujourd'hui Plutus, Apollon
Vivent en bonne intelligence ;
Le chemin du ſacré vallon
Eſt devenu celui de la finance,

LE POETE.

Que me propoſez-vous ? Qui, moi ! Que mon
cerveau
Sur l'eſcabelle ſe conſume !
Que j'aille lâchement proſtituer ma plume ;
Et chifrer, calculer dans le fonds d'un Bureau !
De nos Auteurs c'eſt l'aſile ordinaire.
Mais à préſent tout eſt vulgaire,
L'intérêt avilit les Arts ;
Vous produiſez de toutes parts

Ces beaux efprits du jour, faifeurs de Chanfon-

nettes:

Et l'on ne vit jamais tant de frivolité,

Tant de Rimeurs, & fi peu de Poëtes.

Phœbus ne fouffre point la médiocrité ;

Et ne pas exceller c'eft être déteftable.

Jugez fans partialité

Si je fuis un Poëte ; & fi j'ai mérité

De porter ce titre honorable.

Je vais vous déployer ici tous mes talens.

MOMUS.

Epargnez-vous cet étalage.

LE POETE.

Ecoutez, écoutez mes fublimes accens ;

Et vous perdrez le goût du badinage.

MOMUS *à part.*

Un Poëte toujours du récit de fes Vers

Fatigue, accable l'univers.

LE POETE.

Logé tout au dernier étage ;

Mortel le plus voifin des Cieux ;

Devant moi s'éclipfe la terre ;

Ma voix fçait pénétrer le féjour du tonnerre.

Viens, Apollon, defcens. Il paroît à mes yeux ;

Je

Je touche fa lyre fuprême.

Une fainte fureur me ravit à moi-même.

Quels mouvemens tumultueux !

Loin d'ici, prophanes vulgaires,

C'en eſt fait je parcours d'un vol impétueux

Les eſpaces imaginaires.

Où ſuis-je ? Quels concerts enchantent tous mes

fens ?

O charmes immortels ! O féconde harmonie !

MOMUS *en riant.*

J'ignore votre but.

LE POETE.

Le temple du génie.

Quels ſpectacles intéreſſans !

J'entre, Clio me couronne.

Quel éclat m'environne !

Et quels rayons éblouiſſans !

» (*a*) L'obſcurité s'enfuit, le jour enfin m'éclaire.

» Et tout s'offre à mes yeux dans la forme ordi-

naire.

────────────

(a) *Vers de M. l'Abbé de B . . . Auteur célébre du Poëme contre l'Irréligion, qui n'a pas encore été imprimé.*

D.

42 MOMUS PHILOSOPHE,

(a) » Les tems font arrivés. Ceffez trifte Cahos.
» Paroiffez Elémens ;Dieux, allez leur prefcrire
  » Le mouvement & le repos :
» Tenez-les renfermez chacun dans fon empire.
» Coulez Ondes , coulez , volez rapides feux ,
» Voile azuré des airs , embraffez la nature ,
» Terre enfante des fruits,couvre-toi de verdure :
  » Naiffez Mortels , pour obéir aux Dieux.

Il s'agit d'entonner la trompette héroïque ,
  De peindre en ftile magnifique
   Un fiége glorieux ,
  Une bataille où triomphe la France.
On peut avec un Roi toujours victorieux
  A coup sûr travailler d'avance.
Ce Prélude , je crois , ne vous déplaira pas.

  Mes yeux ont percé les ténébres
  Que répand le Dieu des combats.
  Je vois parmi des feux funébres
  La faulx fanglante du trépas.
  L'éclair brille , la foudre tombe ;
  De toutes parts s'ouvre la tombe.

(a) *Prologue des Elémens , Opéra de M. Roy.*

J'ai fait plus, j'ai déja préparé le morceau
Qui doit repréfenter les inftans du carnage,
De la flâme & du fer le terrible ravage,
Des morts & des mourants l'effroyable monceau.

MOMUS.

D'un combat qui n'eft point vous chantez les
victimes.

LE POETE.

Que de combattans magnanimes
La mort immole à fon couroux.
Recevez ces ames fublimes,
Dieux immortels ; Cieux, ouvrez-vous.
Lifandre d'une aîle rapide
Va fe mettre à côté d'Alcide,
Et Florimond près du Dieu Mars.

MOMUS *en riant.*

Lifandre, Florimond.

LE POETE.

Ce font des noms poftiches
Et parmi les Guerriers, victimes des hazards,
Je choifirai des noms triffilabes & riches,
Féconds, harmonieux,
Que je placerai dans ces niches.
Vainement un héros fameux

Fait par tout des merveilles

Si son nom mal sonore écorche les oreilles.
Il défigureroit le Vers le plus pompeux.

MOMUS.

Dans les mots tout vôtre art consiste.

Votre Muse panégiriste

N'a donc point pour objet les grandes actions.
Elle se regle par les sons

Dans les éloges vains que l'on vous voit répan-
dre,

Vous ne vous attachez qu'à la pompe des mots.
Les noms souvent font vos héros.

LE POETE tirant Momus à l'écart.

Doucement... Paix... Chut... Je vais vous
apprendre

Du mécanisme heureux, l'énergie & l'attrait.
Chut au moins ! d'Apollon c'est le divin secret.
Tout l'art est renfermé dans le choix des Voyel-
les,

Du génie & du goût brillantes étincelles.
Les A, les O rendent les Vers ronflans ;

Expriment le fracas, la force, & le ravage.
Les E, les J rendent les Vers coulans ,

Font pétiller l'esprit & le langage.

Patrocle, Ajax font de fameux guerriers;
Melibée & Mirtil de fidéles Bergers.

La rage farouche & fombre
Porte un poignard, marche dans l'ombre,
Se plonge dans des flots de fang.
La mort, l'affreufe mort vôle de rang en rang;
Mars tonne… . Mais Vénus, Déité de Cithere
Tient un fceptre de Mirthe ; & regne fur les ris.
L'univers eft fon temple ; & l'aîle du myftere
Qui couvre fes plaifirs, en augmente le prix.

MOMUS.

Votre regle n'eft pas fûre,
Et ces Voyelles fouvent
Ont un ufage différent.
Tous les fons rendent la nature.

LE POETE.

Dans les flancs d'un nuage obfcur,
Fatal combat de la flâme & de l'Onde
Le Tonnere effroyable approche, roule, gronde.
L'Air fe calme, les Cieux reprennent leur azur.
Faut-il peindre des bergeries ?
Tout y refpire les plaifirs.
On voit les fimples fleurs, richeffes des prairies
Qui cédent doucement aux baifers des Zéphirs.

MOMUS.

Eh ! de grace un moment laiffons vos réveries

Et contre moi d'où naît votre couroux ?

  Quels reproches me faites-vous ?

LE POETE.

J'ai fait gémir la preſſe, & j'ai rendu publique
Un chef-d'œuvre admirable en tout point achevé;

  Enfin du genre Pindarique

Nec plus ultra qui m'étoit réſervé.
Je n'en ai fait tirer que trois cens exemplaires.
Les préſents faits, ô ſiecle ! ô honte ! mes Libraires

  En ont encor deux cens quatre-vingt-neuf;

Tandis que l'on s'arrache un indigne Pont-neuf,
Farci d'expreſſions baſſes, & triviales.
Le langage des Dieux devient celui des Halles.
Le mauvais gout triomphe. Autrefois les Sei-
  gneurs
Diſtinguoient les bons vers, en aimoient les Au-
  teurs.

MOMUS.

  On voit dans le ſiécle où nous ſommes
Des Princes connoiſſeurs, des Rois-méme ſçavants
Rechercher, careſſer les ſublimes talents ;
Et grands hommes en tout, chérir tous les grands
  hommes.
On les voit à la fois ſuivre Minerve & Mars ;
Le ſiécle des Héros eſt celui des beaux arts.

LE POETE.

Non les Arts font flétris ; mon Ode eft délaiffée,
Des propos d'Harangere , une (a) *Pipe caffée*
Suffifent pour charmer & la ville, & la cour.

      Vous regnez feul en ce féjour ;

Le Théâtre eft en proïe au Dieu de la folie.

Tout change, tout s'altere. On admire à Paris

Les Genres confondus. On pleure avec Thalie ;

Melpomene à fon tour veut exciter nos ris :

Sur la Scene bien-tôt (b) Cléopâtre s'immole ;

      Par (c) Vaucanfon les ferpents animés

      Au dénoument doivent jouer un Rôle ,

(a) *Petit Poëme de M. Va , déja connu par plu-*
fieurs ouvrages en ce genre.

(b) *On voit que* Momus-Philofophe *étoit fait ,*
avant que Cléopatre *ait paru. Ainfi la critique ne*
tombe ni fur le fonds , ni fur la difpofition , ni fur le
ftile de la nouvelle Tragédie. On penfe feulement que
l'Auteur de Cleopatre *n'auroit point dû mettre fur le*
Théâtre François la maniere dont cette Reine folle-
ment ambitieufe s'eft donné la mort ; ce qui convien-
droit à peine à l'Opera. C'eft peut-être un préjugé ;
mais quand il eft général , on doit toujours le refpecter.
Au refte je fouhaiterois pour M. Marmontel *que ce fût*
le feul défaut de fa piéce. Si le poëte fait une critique
auffi legere avec tant de chaleur , c'eft un Poëte , *& il*
falloit bien qu'il foutînt le caractere d'enthoufiafte
qu'on lui a donné dans le refte de la Scene.

(c) *On affure que M. de* Vaucanfon , *un de nos*

Et les fiflets font fupprimés.

On pourroit empêcher la critique cenfée,

Et mettre un frein à la penfée.

La froide Melpomene a le ton précepteur ;

Et l'on ofe applaudir ; allons, l'Auteur, l'Auteur:

(a) Celui qui de (b) Pibrac épuifant les Regitres

Y joint le ftile de (c) Nadal.

Enfin la Tragedie eft un traité moral ,

Et les Scenes font des chapitres.

---

plus grands mécaniciens, a eu la complaifance d'animer le ferpent de la nouvelle Cléopatre, chofe à la vérité bien plus facile que de faire ce fameux Fluteur Automate qui jouoit plufieurs airs , & qui le difputoit aux Blavet & aux Taillards.

(a) On fe croit obligé de déclarer que l'on n'a eu perfonne en vûe , & que l'on parle ici d'un mauvais Auteur en général ; rien n'eft plus fufceptible d'applications. L'Auteur protefte contre toutes celles que l'on pourroit faire.

(b) Pibrac qui a fait des Quadrains moraux & des maximes. On vient de réimprimer fes vieux ouvrages.

(c) Nadal Rimailleur dur, & bourfouflé dont parle Rouffeau.

Il ne me chault de belle couverture

Riches fermoirs où dehors non communs

Si le dedans font difcours importuns

Vieux potpouris de profe délabrée,

Vers de Nadal, ou telle autre danrée.

MOMUS.

MOMUS.

Mais le Théâtre eſt le tableau des mœurs ;
Corneille a peint les Rois, Moliere a peint les
hommes.

LE POETE.

Mais ces divins mortels ſavoient parler aux cœurs.
(a) *O deſtinée ! ô crime !* Inſenſés que nous ſommes,
Quoi Tartuffe, & Cinna n'ont plus de ſpectateurs ;
Et nous courons en foule aux eſſais ſubalternes
De leurs foibles imitateurs !
Nous préférons des ſottiſes modernes.
Temoin de ces ſuccès honteux,
Loin de reculer en arriere
Soleil, Dieu du Parnaſſe, exauce ma priere ;
Précipite ces jours affreux.
Eh ! que ſont devenus les beaux jours du Théâtre,
» Ces combats, ces lauriers dont je fûs idolâtre. »
Le ſentiment, la paſſion
Etoient les Dieux de Melpomene ;
Et la Morale ſur la ſcene
Ne paroiſſoit qu'en action.

(a) *Hemiſtiche de l'Oreſte de M. de Voltaire. Cet
Auteur ſi célébre & ſi digne de toute ſa réputation, a
ſuivi l'Electre de Sophocle dont nous avons pluſieurs
traductions fort eſtimées. Mais on débite actuellement
la premiere Traduction Françoiſe de l'Electre d'Euri-
pide. On a conſervé autant qu'il eſt poſſible, toutes les
beautés de l'original, & je ne doute pas que cette Tra
duction ne ſoit auſſi utile que celles que Mrs Dacier,
Boivin & le Pere Brumoy ont faites de l'Electre de
Sophocle.*

E

(a) A préfent nos heros mauffades

Toujours montés à l'uniffon

Débitent des jérémiades,

Et chaque piéce eft un fermon.

MOMUS.

Ignorez-vous les revers déplorables

Des Auteurs les plus renommés.

Applaudis au Théâtre, on les fifle imprimés.

(b) Il eft des Cenfeurs équitables

(a) *Il s'agit ici des Héros de la Tragédie, & non pas des Acteurs à qui tout le monde rend juftice, & qui fe perfectionnent de jour en jour. La plûpart des Piéces Nouvelles doivent leur fuccès à la maniere dont elles font repréfentées.*

(b) *Jamais les Critiques n'ont été auffi fréquentes qu'elles le font actuellement. On imprime parmi nous des Ouvrages Périodiques de toute efpece qui ont tous un caractere qui leur eft propre. Les uns rendent compte de l'ouvrage fans prononcer fur le mérite des Auteurs. Les autres louent beaucoup les Auteurs, & font peu connoître leurs ouvrages. Il en eft d'autres qu'on peut regarder comme le dépôt des richeffes litteraires de la nation. Chaque province contribue à fa façon à augmenter ce tréfor. Auffi fent-on que ce qui y domine, ce font des richeffes provinciales. Deux Ariftarques modernes fe font affociés à ce corps refpectable. Meffieurs Fréron & de la Porte connus dans la litterature par des Lettres & des Obfervations fur les Ouvrages nouveaux ne le cédent point à leurs Confreres, ou plutôt ils réuniffent dans leurs écrits tout ce que ceux-ci ont de meilleur, & évitent avec foin*

Qui vrais Argus fur les défauts,

Et chaque mois par d'utiles ouvrages

Détruifant les fuccès nouveaux

Font rougir le Public de fes propres fouffrages.

On ne peut des beaux arts réformer les abus.

Sans armer contre foi la cabale & l'envie.

Mais on voit encor des Codrus

Se confacrer pour la patrie.

LE POETE.

Mais n'infpirez-vous pas les faifeurs de Romans

Fades productions, honteux amufemens

Qui des beaux arts marquent la décadence.

Dans ce genre banal chacun peut s'efcrimer.

Pour être auteur, pour fe faire imprimer

Il ne faut aujourd'hui ni talents ni fcience.

Des femmes du bel air fuivre l'extravagance,

Affecter leur jargon, leur propos brillanté,

Mettre toujours plus de mots que de chofes,

Toujours des riens chargés de rofes,

C'eft le grand art d'être un auteur fêté.

MOMUS.

L'art qui plaît n'eft point ftérile,

Amufer c'eft être utile,

C'eft fervir au bonheur de la fociété.

---

lés défauts qu'on a reprochés à leur prédéceffeur,
fans être ni moins intéreffants, ni moins agréables.

Mortels qui foupirez après le bien fuprême,
Vous le cherchez envain dans des objets pompeux,
Si l'on peut le trouver, c'eft au milieu des jeux,
Fuyez l'aufterité, cette folie extrême,
     La fageffe eft l'art d'être heureux;
Elle charme toujours; c'eft la volupté même
     Qui fait les fages, & les Dieux.

LE POETE.

Il me vient une idée, & j'en vais faire une Ode
     Contre Momus, les Romans & la Mode.
Vous verrez ce que peut un Poëte en fureur.

SCENE DERNIERE.

MOMUS feul.

Tandis qu'un orgueilleux rimeur
     Dit que fon art eft un miftere
Que l'on n'auroit point dû dévoiler au vulgaire;
Un Philofophe un Medecin
Difcutent gravement leur fiftême frivole;
     De Petit-Maîtres un effain
     Aux nouveautés fans ceffe vole.

     A quelque rien plus brillant
     Les Nations font occupées.

     Le Monde eft toujours enfant
Et chaque âge a fes Poupées.

FIN.